AF242570

Reflexions

d'un Militaire

sur les

EVENEMENS

de la dernière Guerre.

Quicquid delirant reges, plectuntur Achivi.

à Cologne,

chez Pierre Martoau,

1806.

Reflexions

d'un Militaire

sur les

EVENEMENS

de la

dernière Guerre.

Si les prodiges militaires de l'*Empereur Na-poleon* rendent les tems fabuleux vraisembla-bles, les fautes multipliées de la Coalition en général, et des Autrichiens en particulier, se-ront longtems un sujet toujours nouveau d'éton-nement pour l'observateur. Sans vouloir di-minuer le juste tribut d'hommages, que l'on doit au génie de l'Empereur des Français, il faut pourtant convenir, qu'il n'a du et n'a pu devoir des succès aussi étonnans, qu'à une *cumulation* de fautes de la part de ses ennemis, cumulation, dont l'histoire des hommes jusqu'à ce jour n'a peut-être pas encore offert d'exemples. — L'art militaire ne pouvant que profiter à leur étude, je vais essayer de les analyser. — Puissent d'aussi terribles exemples n'être pas perdus pour l'humanité !

Quoiqu'il soit hors de mon sujet, d'examiner jusqu'à quel point le but de cette guerre était politique, je ne puis taire, que l'opinion générale y était tellement contraire en Autriche, qu'il en a du resulter une influence desavantageuse pour l'exécution du plan de la Coalition, *) — influence, que l'on eut du s'ef-

---

*) Dans un siècle, où les connaissances sont aussi généralement repandues, où la revolution française a donné aux esprits dans toutes les classes, une impulsion plus ou moins directe vers la politique, il faut bien se garder de croire, que les opérations des gouvernemens n'ayent pas, surtout dans les tems de crise, besoin de la sanction de l'opinion publique, sanction d'autant plus nécessaire, en proportion, qu'ils ont moins jusque-là inspiré de confiance! Personne ne pouvait être et ne fut en Autriche la dupe des démarches du gouvernement. Il fut facile d'y reconnaître l'influence de l'Angleterre et de ses moyens perfides. L'espoir de la réunion de la Bavière aux Etats

forcer de prévénir ou au moins de diminuer, soit en ne hazardant rien, soit en cherchant

héréditaires — (espoir bien précaire, puisqu'il dependait de trop grands succès d'un côté et du consentement de la Prusse de l'autre) — n'était pas susceptible d'aveugler la saine partie de la Nation sur les maux réels, qui devaient toujours résulter de la guerre même la plus avantageuse.

Car en effet, quel devait être le résultat de la guerre? —

1°. D'assurer plus longtems à l'*Angleterre* le monopole du commerce universel; par conséquent d'en rendre l'*Europe* tributaire.

2°. D'assurer la possession de *Malte* aux *Anglais*, de leur mettre entre les mains le dernier moyen d'envahir le commerce des *Echelles* et de la *Méditerranée*; commerce, dont l'*Autriche* devait être d'autant plus jalouse, que les acquisitions, qu'elle a faite par le traité de *Lunéville* semblaient lui permettre d'espérer un jour de détourner à son profit cette source de richesses et de bien-être.

3°. Enfin d'assurer à l'Empereur de *Russie* une nouvelle prépondérance en *Allemagne*, finalement le droit de s'immiscer dans les affaires intérieures de cet Empire, dont il eut fini par se croire le Protecteur.

Pendant que les gens sensés raisonnaient ainsi, le soldat et l'officier ne voyaient et ne pouvaient voir dans cette guerre, qu'une spéculation de finance, où leur sang, leurs efforts étaient une marchandise. — A juger de l'espar un enchaînement d'opérations bien conduites à obtenir des succès, qui aux yeux de la multitude étant assez généralement le garant d'une bonne cause, eussent substitué la bonne volonté à la répugnance, la confiance au découragement. Il y en avait la possibilité, comme la suite de ce mémoire le prouvera d'une manière y'ose le croire incontestable.

La guerre par le passage de l' *Inn* et l' irruption en Bavière une fois declarée par l'*Autriche*, que pouvaient et devaient faire les Autrichiens? qu'ont fait les Autrichiens? Ce seront les deux divisions de la pre-

prit de l'armée par les propos qu'on entendit à son passage dans la *Bavière*, il fut facile de prévoir l'issue de cette guerre. Les chances n'en parurent jamais douteuses à l'auteur de ce Mémoire.

Quel tableau différent offrit en *Prusse* l'opinion publique, lorsque FREDERIC GUILLAUME III. jugea convenable de faire marcher toute son armée, pour obtenir une juste réparation de la lésion, que les Français avaient fait à son territoire. — Il n'y eut qu'*une* voix, qu'*une* volonté! Toutes les classes de citoyens se réunirent autour du père de la patrie! Jamais Prince ne reçut un temoignage de confiance mieux mérité! Si la guerre eut suivi cette première démarche, l'héroisme de l'armée, le dévouement de tout le Royaume ne se fut pas démenti un moment. —

mière section de ce Mémoire, qui traitera principalement de la *prémière* Campagne de l'Armée française, ou des operations effectuées depuis le passage du *Rhin* par les Français, jusqu'à la prise de *Vienne*. Quand à la *seconde* et dernière campagne de la prise de *Vienne* jusqu'à après la bataille d'*Austrelitz*, ele sera traité d'autant plus rapidément que l'on manque jusqu'ici de pieces officielles, qui constatent d'une manière precise la position et les mouvemens de l'Armée.

Première Campagne

depuis

le Passage du Rhin par les Français

jusqu'à

la Prise de Vienne.

I.

Que pouvaient et devaient faire les Autrichiens?

Une fois la guerre résolue le Cabinet de *Vienne* ne pouvait avoir qu'un seul but, — celui de gagner assez de tems sans rien hazarder, pour que les troupes de la Coalition eussent la possibilité d'arriver sur le théâtre de la guerre. C'était à parvenir à ce but, que devaient tendre toutes ses démarches, et elles devaient être dirigées avec d'autant plus de précaution, que l'on pouvait facilement calculer, que l'*Empereur des Français* profiterait avec la rapidité du génie de tous les faux mouvemens, de toutes les fausses démarches, pour tomber avec avantage sur l'*Autriche*, et essayer de l'écraser avant l'arrivée des renforts.

Il est, je crois, inutile de démontrer davantage l'évidence du principe, que je viens de poser; il me reste à prouver la possibilité de son exécution.

Calculant la force disponible de la Monarchie Autrichienne au commencement de la guerre à 250,000 hommes,*) voici la repartition, que la prudence semblait ordonner:

Une armée de 100,000 hommes en Italie;

*) On ne pourra m'accuser d'exagérer les forces de cette Puissance. Mais j'ai à dessein préféré ce calcul modéré pour mieux démontrer la facilité d'exécution du plan d'opération, que je propose.

— deux armées en *Allemagne*, la prémière de 80,000, la seconde de 40,000 hommes.

Les trente mille hommes restans partagés en trois corps eussent été répartis en *Bohème*, en *Hongrie* et dans le *Tyrol*, pour y servir de point de rassemblement aux insurrections de ces braves provinces.

Passons maintenant aux opérations, auxquelles ces divers corps devaient être destinées.

A r m é e d' I t a l i e.

Quoi que le Cabinet de *Vienne* ait été en correspondance avec celui des Tuilleries, relativement à la prétendue armée,*) que l*Empereur* N*apoleon* avait rassemblé dans son Royaume d'Italie, il ne pouvait ignorer, que toutes les forces françaises réunies dans cette partie atteignaient à peine le nombre de quarante mille hommes, et étaient d'autant moins en mesure de resister à une attaque vive et serieuse,

---

*) Armée, qui n'existait, que dans l'intention de trouver des griefs à la France.

que les places fortes n'étaient point en état de defense. *) — Pourquoi donc ne pas profiter de pareils avantages? *pourquoi l'armée Autrichienne d'Italie, n'a-t-elle donc pas sans balancer passé l'Adige?* ne s'est-elle pas portée rapidement par *Milan* et le *Piémont* vers les anciennes frontières de la *France*, attaquant et poursuivant tout ce qu'elle eut rencontré sur son passage? —

Le chef de cette armée, pour ne pas perdre un tems précieux devant *Mantoue* et *Peschiera*, où il est probable, que les *Français* eussent jeté des troupes, avec ordre des'y tenir aussi longtems que possible, eut laissé en arrière, un corps ou reserve de 25,000 hommes, chargés d'observer ces fortresses et se fut porté en avant avec 75,000 hommes. — Quoique ce nombre eut été d'abord suffisant, il n'eut pas fallu perdre un moment, de chercher par des renforts à se mettre en état de tenir tête aux

*) Les nouveaux ouvrages entrepris à *Mantoue* n'étaient qu'élevés et point revêtus. Ceux de *Peschiera* n'étaient point achevés qu'en partie; ceux d'*Alexandrie* dans le même cas. — J'en appelle au temoignage des voyageurs et des Généraux français.

forces, que la *France* n'eut pas manqué de réunir.

C'est pourquoi que, dès que cette armée eut eu effectué le passage de l'*Adige*, le Général eut dû être autorisé, à ordonner aux troupes russes de *Corfou* et aux troupes Anglaises de *Malte*, de venir débarquer dans les *Lagunes*, pour se joindre à ce corps de reserve, dont j'ai déjà parlé. — Je ne calculerai les troupes de ces deux puissances, qu'à 25,000 hommes. L'armée de reserve se trouvait donc par-là portée à 50,000 hommes. Ce nombre était plus que suffisant, pour accélérer la prise des places, tenir la campagne, favoriser les insurrections, qui en cas de succès des armées coalisées, n'eurent pas manqué d'être nombreuses, établir et assurer les communications de l'armée agissante, quelle eut fini par rejoindre avec au moins 30,000 hommes, en défalquant les garnisons et corps intermédiaires, qu'on eut été obligé de laisser entre l'*Adige* et l'armée. — Une fois entré dans le *Piémont* le chef de cette armée eut bien dû se garder de penser à rien entreprendre contre les anciennes frontières de la France. (Il n'y a, que des émigrés, qui peuvent en voir la possibilité.) Mais il eut du employer tout le tems de l'absence de l'ennemi, pour préparer plusieurs lignes de position, où en cas de malheur il se fut retiré successivement, disputant le terrain pied à pied.

Comme il est à présumer, que l'armée française eut été au moins six semaines à se rassembler, avant de pouvoir être assez nombreuse, pour venir pour lui enlever ses conquêtes, ou même lui tenir tête, il est probable, qu'il eut peut - être pu même s'emparer de *Gènes*, où il eut pu arriver en même tems, que les débris des corps français, qu'il aurait fait repliér de tous côtés. Une flotte anglaise, qui du côté de la mer y eut jetté quelques bombes, eut avancée cette operation. — Tout ceci eut pu s'exécuter sans avoir rien à craindre de l'armée de *St. Cyr*,*) qui eut difficilement pu retarder la conquête de l'Italie septentrionale, si l'on considère la supériorité, qu'avait effectivement eue l'armée Autrichienne.

*) D'ailleurs on pouvait le forcer de rester dans le midi de l'*Italie*, en faisant continuellement allarmer les côtes par une Escadre anglaise.

A r m é e s d' A l l e m a g n e.

Il y avait deux manières de diriger les opérations des armées d'*Allemagne*; l'une purement défensive, l'autre plus brillante et plus
avantageuse, en leur faisant prendre l'offensive,
jusqu'à ce que la supiriorété des *Français*, ou
d'autres circonstances imprévues, les contraignirent à se tenir sur la defensive. — Cette offensive devait n'être considérée, que comme le
moyen préparatoire d'une défensive avantageuse. Car depuis la réunion de la rive gauche
du *Rhin* à l'*Empire français*, les Autrichiens
doivent renoncer à toute idée offensive contre la
France; du cote de l'Allemagne, à moins d'une
superiorité de forces qui n'est point à présumer. *)

Le plan purement défensif eut consisté à
garnir de troupes les débouchés du *Vorarlberg*
et du *Tyrol*, à poster une partie de l'armée derrière l'Inn et un gros corps au-délà du *Danube*
pour maintenir la communication avec la *Bohè-*

---

*) Dans le premier Volume de l'*Introduction à l'étude de
l'art de la guerre du Comte de la Rocheaymon* (ar-
ticle: *Topographie*) les raisons en sont demontrées jusqu'à l'évidence.

me, et couvrir cette province de toute attaque
du côté du *Haut - Palatinat*, etc.

Ce plan offrait, il est vrai en quelque sorte
des chances certaines du côté de *l'Allemagne*.
Mais il laissait aux *Français* la facilité d'employer toutes leurs forces du côté de *l'Italie*, et leur
assurait toutes les ressources, qu'offrent les provinces entre le *Rhin* et l'*Inn*, pour s'avancer en
Allemagne avec une seconde armée, et y
suivre à hauteur l'armée d'*Italie* à mesure
qu'elle eut gagné du terrain, *) — mouvement, qui devait comme dans les guerres précé-
dentes finir par être desavantageux aux Autrichiens.

Ce plan eut été de rigueur, si la *Suisse*
n'eut pas été declarée neutre par les puissances
belligérantes. **) Mais la *Suisse* devenue neutre,

*) Dans toutes les dernières guerres entre l'*Autriche* et la
France ceci a presque toujours été la marche des opérations.

**) Si l'armée auxiliaire Ruffe eut été arrivée en *Alle-
magne* lors du commencement des hostilités, il n'est pas
douteux, que la neutralité de la Suisse n'eut été desavantageuse aux *Autrichiens*, puisque c'est véritable-

la ligne d'operation des *Autrichiens* se trouvant raccourcie de tout le developpement des frontiè-res de la *Suisse* du côté de l'*Allemagne*, je crois que le plan suivant eut été infiniment plus avantageux.

Les deux armées d'Allemagne eussent du sur trois colonnes principales se porter avec cé-lerité en avant, occuper la *Bavière* et les pays entre le *Rhin* et l'*Inn*, — désarmer les trou-pes de ces princes, y enlever tous les chevaux, le bétail et les vivres, qu'elles y eussent pu rassembler et les envoyer sur les derrières. Il n'est pas de doute, que les Electeurs de *Bavière*, de *Wirtemberg* et de *Bade* se voyant sans secours, au moins pour le moment, ne pouvant seuls faire tête à l'orage, et devant tout craindre d'une résistance, au moins inutile, ne se fussent soumis aux conditions, que l'Em-pereur d'*Autriche* leur eut préscrites. *)

ment là le seul point par où ils peuvent attaquer la *France* avec avantage, s'ils savent y prévenir les Français et bien assurer leur flanc droit. L'armée ruſſe forte de 100,000 hommes, s'approchant du *Rhin*, et ne cessant de s'y bien poster, eut été à même d'assurer cette opération.

*) Le cabinet de *Vienne* pouvait facilement s'appercevoir de l'indécision, qui regnait dans le conseil de ces prin-

L'occupation de *Wirzbourg* eut été une des premières et des plus nécessaires pour l'enchaîne-ment futur des opérations.

Voici le chemin, qu'eussent du suivre les trois grands corps, qui se fussent partagés en autant de colonnes, qu'il eut été necessaire pour marcher avec plus de célérité et de commodité.

Le premier Corps ou celui de la gauche de deux armées, fort de 25,000 hommes, se serait avancé par *Memmingen* vers *Stockach*, *Möskirch*, *Pfullendorf*, pour y observer les villes d'*Huningue*, de *Brisach* et les débouchés du *Breisgau* vers cette partie de la *Souabe*. — Le second Corps ou Corps principal, fort de 60,000 hommes se serait porté par *Ulm* vers *Stuttgardt*, pour y observer la rive du *Rhin* du côté de *Strasbourg*. — Enfin le troisième Corps, ou Corps dela droite, fort de 35,000 hommes, se serait porté par les pays de

ces, qui au fond, la *Bavière* exceptée, n'eussent peut-être pas mieux demandé, que d'être forcés à une demarche, qui les eut mis hors de la nécessité de prendre part à la guerre, et leur eut servi d'excuse vis a vis de la *France*. — Il était facile de voir, que la *Bavière* prise au dé-pourvu, sans troupes rasfemblées, sans argent pour se défendre, ne cherchait qu'à gagner du tems.

B

Bamberg et de *Wirzbourg* vers une position, qui l'eut mis à même d'observer les mouvemens de tous les corps, qui par *Mayence*,
Mannheim, *Spire*, *Philipsbourg* eussent tenté
de passer le *Rhin*.

Tous ces Corps arrivés à leur position respective, position, que j'appellerai préliminaire,
y devaient attendre les mouvemens ultérieurs des
troupes françaises. Mais ce moment d'inactivité eut du être employé à ruiner le pays en
avant d'eux, à faire transporter sur les derrières
tout ce qui pouvait faciliter la subsistance et les
mouvemens de ces armées, gêner et retarder
ceux des *Français*. — Chaque Corps eut été
chargé de faire fortifier derrière lui une position
reconnue d'avance, position, qui lui eut servi
de point de repli au cas, qu'il eut été forcé à
la retraite.

Le Corps de la gauche eut donc mis *Memmingen* en état de defense; l'armée du centre eut
fait fortifier *Ulm*; l'armée de la droite eut approvisionné *Wirzbourg*, établi un camp retranché
sur le *Schellenberg* près *Donauwerth* et reparé
les fortifications d'*Ingolstadt*. Ces travaux eussent pu être poussé avec d'autant plus d'activité,

qu'on y eut employé de gré ou de force les habitans du pays. — Le *Tyrol*, la *Bohéme* et les autres états héréditaires eussent été chargés de veiller ou de compléter l'approvisionnement et l'armement des places, qui eussent été le plus à leur portée. Des détachements des insurrections de ces provinces, à mesure, qu'elles eussent été organisées, auraient pu être employés à la garde de ces places, à y escorter les vivres, à faire la police sur les derrières de l'armée — en un mot, à tous ces details intérieurs, qui de jour en jour les eussent accoutumés davantage au service militaire.

Si les *Français* s'étaient avancés avec des forces trop supérieures pour oser espérer de leur tenir tête, chaque Corps se serait retiré devant eux en bon ordre; les précautions, que je suppose prises d'avance, donnant à leurs mouvemens autant de facilité, qu'elles eussent fait éprouver de difficultés à ceux des *Français*. — Le Corps de gauche se serait replié sur *Memmingen*, la grande armée sur *Ulm*, le Corps de droite jetant une forte garnison dans *Wirzbourg*, bien approvisionnée, se serait replié sur le *Schellenberg*.

Dans cette seconde position on eut du attendre l'ennemi. Les *Français* ne pouvaient s'avancer que lentement, la disette les forçant à tirer leurs subsistances des provinces au delà - du *Rhin*. — L'armée *d'Hannovre* se trouvoit paralysée par l'occupation de *Wirzbourg*. Tous les Corps, qui eussent pensé à s'avancer de ce côté pour tourner le flanc drcit des *Autrichiens* éprouvaient des difficultés considérables, devaient en outre s'affaiblir d'un gros corps d'observation à laisser devant *Wirzbourg* pour empêcher sa garnison — que j'ai supposé considérable — d'agir sur leurs derrières. — Si mon Corps de droite, supposé sur le *Schellenberg*, eut trouvé dangereux d'y tenir devant l'ennemi qui, malgré ses détachemens eut encore conservé une trop grande supériorité, il se serait replié sur *Ingolstadt*, évitant tout engagement décisif, n'oubliant pas que le seul but de la campagne etait celui de gagner du tems et d'empêcher, que l'ennemi ne pût rien entreprendre d'important avant l'arrivée des *Russes*. — *D'Ingolstadt* ce corps eut maintenu facilement ses communications avec la *Bohéme*. Le petit Corps de reserve, que j'ai supposé resté en Bohème, se serait porté vers *Eger* y réunissant les volontaires déjà organisés, on eut formé un camp sous cette place, ce qui eut donné le dernier complement à la force defensive de cette partie des frontières de la Monarchie autrichienne.

Au moment où le Corps de la droite eut quitté *Donauwerth* la grande armée eut du quitter *Ulm*, après avoir vuidé tout ce qu'elle eut pu des magazins, qui y etaient formés, et avoir brûlé, et détruit le reste. Cette armée devait, ayant *Memmingen* pour pivot, faire une conversion en arrière à gauche; c'est-à-dire: appuyant sa gauche au Corps de droite, supposé retranché sous *Memmingen*, et mettant son centre le dos aux débouchés du *Tyrol* vers la *Souabe* et la *Bavière*, pousser sa droite vers *l'Inn*.

Cette dernière position etait à la fois défensive et offensive, puisque quelques mouvemens en avant, que voulussent entreprendre les *Français*, ils prêtaient le flanc et permettaient aux *Autrichiens* d'agir sur leurs communications. C'aurait été la principale occupation du Corps de la gauche ou de *Memmingen*. Il eut du harceler sans cesse les derrières de l'armée française, enlever ses renforts, intercepter ses communications etc. — L'Empereur des *Français* a bien senti les dommages, qu'un Corps autrichien, posté dans cette partie de la *Souabe* pouvait lui causer, puisqu'il jugea convenable, malgré ses énormes succès, de faire marcher tout le Corps du Général *Augereau* contre le petit Corps des Généraux *Wolfskehl* et *Jellachich*.

Outre ces avantages, qui ne sauraient se contester, il en résultait de plus positifs et de plus réels encore par l'influence qu'ils devaient avoir tant sur l'esprit de l'armée autrichienne *), que sur celui des diverses provinces de la Monarchie, qui eussent concourru avec d'autant plus d'énergie à la défense de la patrie, qu'elle eussent vu, qu'on voulait et savait la défendre.

Il me parait plus que probable, que le sort de la guerre eut été remis jusqu'à l'arrivée des *Russes*, qui s'avançant en marches forcées fussent venus remplir l'intervalle, qui se trouvait entre le *Danube* et la dernière position, qu'a-

---

*) L'habitude de la victoire avait donné aux troupes françaises une telle superiorité morale sur l'armée autrichienne, qu'il étoit à craindre, que dans toute affaire elle ne determinât les chances à leur avantage. — Il était assez facile de prévoir les suites désastreuses, qu'entrainerait tout engagement décisif avant que de petits avantages ayent rendu la confiance aux troupes.

vait prise l'armée autrichienne. On en fut venu
probablement à une bataille entre le *Lech* et
l'Inn. — Si les *Russes* avaient été defaits, ils
repassaient *l'Inn*, couvraient *Vienne*, et l'armée
autrichienne de sa position empéchait ou au
moins retardoit beaucoup tout mouvement en
avant de l'armée française. — Si les *Français*
avaient été battus, pendant que les *Russes* les eussent poursuivis sans relâche dans leur retraite, le
Corps d'armée rentré en *Bohème* (le Corps qui
etait celui de ma droite) se fut reporté avec vi-
vacité en avant, côtoyant les bords du *Danube*
cherchant par la *Franconie* à gagner le flanc
droit de l'ennemi en retraite; tandis que la
grande armée marchant par sa gauche eut cher-
ché de prévenir l'armée française sur le *Rhin*.

Quoiqu'il soit impossible dans un si court
espace d'entrer dans tous les détails, que suppose ce plan d'opération, j'ose me flatter,
que le simple apperçu suffit pour convaincre de
sa facilité et de son utilité.

Il est d'ailleurs douteux, que la *France*
eut put réunir autant de troupes, qu'il en aurait
fallu pour attaquer avec succes la ligne d'opé
ration, que je suppose, si les *Anglais* profi-

tant du moment où toute l'armée française avoit quitté *Boulogne* avaient débarqué 50000 hommes en *Hollande* abandonnée, pour ainsi dire, à ses propres forces. Ce n'etait que par un accord unique et bien difficile à attendre, que la coalition pouvoit espérer de résister à l'homme unique, qu'elle voulait combattre. C'est ce qui fait, que toute coalition, comme toute manoeuvre concertée sur l'accord d'un trop grand nombre de colonnes ou de détachemens, ne réussira que bien rarement contre un ennemi, qui réunit le caractère au génie.

2.

Qu'ont fait les Autrichiens?

Après avoir essayé de démontrer ce que pouvaient faire les *Autrichiens*, pour parvenir à tenir tête à l'orage, il me reste à détailler et à analyser le plan d'opération, qu'ils ont préféré.

De l'ouverture de la campagne il fut fa-

facile de juger du peu d'énergie que deployerait le cabinet de Vienne. *) Après avoir perdu
un tems considérable en vains préparatifs, on
lui en voit perdre un plus prétieux encore après
le passage de *l'Inn*! — Que de demi - mesu-
res, que de demi - moyens ne furent pas employés en *Bavière*! Ici on s'empare de l'Electo-
rat, là on laisse aux semestriers Bavarois la
liberté de traverser l'armée autrichienne pour
se rendre à leurs corps respectifs. On en
fait assez à *l'Electeur de Bavière*, pour s'at-
tirer le juste ressentiment de son génie protecteur, mais point assez pour que cette
démarche apportât à *l'Autriche* quelques
avantages. On imprime les correspondan-
ces respectives des deux Cabinets — on fait
venir *l'Empereur d'Allemagne* à *Mu-*

*) Toute l'Europe fut justement etonnée, de voir le Géné-
ral *Mack* choisi pour être l'antagoniste de *Bonaparte*,
le plus grand homme de guerre, qui existe. Ses plans
de campagne en 1794, ses propres campagnes en *Italie*
avoient déja permis aux connoisseurs de porter leur ju-
gement sur ses talens et ses moyens. Les *Anglais* seuls
avoient proné et pronoient depuis 1794 ses talens militaires. On peut se rappeller les honneurs qu'il reçut
à son voyage en *Angleterre*. Mais ces honneurs, qui
furent à peine rendus au grand *Churchill*, ne pûrent
tromper personne, et les dispositions de la campagne
de 1794 fixerent pour jamais sa reputation.

nich, on s'occupe de choses inutiles — et on oublie de désarmer les troupes Bavaroises, de traiter le pays en pays ennemi, — on oublie de s'assurer de la personne de l'Electeur, de l'obliger à remettre *Wirzbourg* — en un mot on ne fait rien de ce, que l'on pouvoit et devoit faire, pour se saisir de tous les avantages réels qui devoient exister pour *l'Autriche* dès l'ouverture de la campagne, si l'on avoit profité de l'eloignement des armées françaises et du tems, quelque court qu'il put être, qu'elles avoient besoins pour se rendre de *Boulogne* sur les lieux du théatre de la guerre. — — Quand on commence une guerre avec autant de perfidie *), il faut au moins savoir y de-

*) Jamais puissance ne put commencer la guerre dans un moment plus avantageux; jamais *l'Angleterre* ne fut mieux servie pour son or. — La descente alloit avoir lieu. L'Empereur n'attendoit que ses flottes, qui ayant trompées la vigilance des escadres anglaises devoient venir se réunir dans *la Manche* et y couvrir la marche des flotilles. — Les *Anglais* n'avoient point de forces dans le *Canal*, et il est probable, que la descente eut été executée avant qu'ils ayent pu s'y opposer. Malgré le passage de l'*Inn*, l'Empereur resta encore à *Boulogne* le tems necessaire, pour être sur que ses escadres avoient reçu les ordres, qu'il leur avoit envoyé, de rentrer dans les differents ports. Son genie sembla lui faire

ployer des talents ou des moyens capables de
l'ennoblir par des succes et de la faire ré-
vétir du beau nom de politique. —

Après quelques semaines d'incertitude,
de mouvements inutiles, l'armée autrichienne
se decide enfin à passer le *Lech* et a s'avancer en *Souabe*, pour y attandre dans une position choisie et reconnue par le Général
Mack l'arrivée des Français.

Cette position ne defendait rien, elle
n'avait aucun but stratégique et il est incro-
yable, qu'aucun Général de l'armée autrichienne n'aye pas fait sentir les consequences de vouloir s'y maintenir. Il etait fa-

prévoir, que ce delai forcé étoit un trésor, que l'*Autriche* ne sauroit point apprécier.

Que les *Anglais* depuis la terrible bataille de *Tra-
falgar*, ayent l'air de regarder l'idée d'une descente
comme chimèrique et impracticable, — ils pourront
tromper l'homme partial ou passionne. Mais l'observateur
judicieux trouvera dans leurs efforts pour allumer la
guerre continentale, dans les immenses subsides accor-
dées à la coalition, des preuves plus que suffisantes de
la crainte qu'ils ont, de fe mesurer corps à corps avec
le grand homme, qui gouverne la *France*.

cile de prevoir, que tous les efforts de *l'Empereur* NAPOLEON se porteraient sur leur droite, que se contentant de tenir en échec leur gauche et leur centre, il deployerait toute l'énergie de sa force contre *Ulm* et les derrières de cette droite, dont la defaite assuroit la ruine de l'armée autrichienne. La direction de la marche des colonnes de l'armée française, les avis que le Général *Mack* reçut des Généraux prussiens en *Franconie* sur la marche du Général *Bernadotte*, ne pouvaient lui laisser aucunes doutes sur les dessins de l'ennemi. — Il devait sentir dès lors l'impossibilité de se maintenir dans sa position, et au lieu de renforcer aussi imprudemment sa droite, songer aux moyens de sortir d'une situation, qui à chaque instant, devenait plus embarassante.

Il - y - avait deux moyens aussi simples que faciles, si non de rémédier tout à - fait aux fautes, faites depuis l'ouverture de la campagne, au moins d'en rendre les consequences moins désastreuses.

Le prémier moyen etait un mouvement offensif. Répliant sa droite vers la *Bavière*, renforçant sa gauche de tout ce, dont il pouvait se passer à sa droite et au centre, qui devaient se tenir seulement sur la defensive, il fallait pousser cette gauche par échellons vers *Huningue, Brisach* ou plus à droite dans le *Wirtemberg*, attaquer tout ce qui pouvait s'y rencontrer et menacer ainsi les communications de la grande armée française, dont la marche en avant se trouvait pour le moment suspendue. — *L'Empereur* NAPOLEON eut été contraint de detacher des renforts vers sa droite, pour arreter les efforts de l'ennemi. — Et supposant même, que les Autrichiens eussent été repoussés, outre qu'ils avaient gagné du tems, ce qui était bien essentiel, leur defaite dans cette hypothèse, n'eut jamais pu avoir des suites aussi funestes; puisque par la position, que je suppose à l'armée autrichienne, elle se trouvait le dos au *Tyrol*, ou elle se pouvait retirer, comme dans une place forte et de là gagner le *Salzbourg* et les positions, qui couvrent *Vienne*, positions, qui garnies avec des troupes suffisantes, eussent permis d'attendre l'arrivée des Russes, qui par la *Bohème* auraient du sans perte de tems s'avancer sur le *Danube.*

Si les moyens physiques et moraaux de

l'armée autrichienne ne permettaient pas cette demonstration offensive, il restait encore au Général *Mack* un très bon mouvement de simple défensive à éxecuter.

Il pouvait, prenant *Memmingen* pour pivot, faire une conversion en arriére et prendre la position suivante. Le centre, le dos au *Tyrol* ayant *Memmingen* fortifié pour point de communication avec sa gauche poussée vers le *Vorarlberg*, et les parties méridionales de la *Souabe*, à même d'observer l'ennemi de ce côté et de passer à l'offensive, si les circonstances l'exigeraient; — la droite poussée vers l'Inn, le dos aux debouchés de *Salzbourg*.

Dans cette position, *) l'armée autrichienne pouvait par des mouvemens faciles se por-

---

*) Quand il étoit dans la chance des choses possibles, que la *Prusse* fut determinée, à se joindre aux ennemis de la France — cette même position offroit à l'armée française la certitude, de ne point être prise à dos par les troupes, que la *Prusse* pouvoit rassembler en *Franconie* et en *Hesse*. Les places sur le *Rhin* en état de defense, si la guerre se fut declarée, l'armée française faisoit également ment une conversion en arrière, portait sa droite vers *Vien-*

ter vers sa droite, vers sa gauche, selon l'urgence des circonstances. Par le *Tyrol*, le *Salzbourg*, elle maintenait ses communications avec *l'Archiduc Charles*, était à même de le renforcer selon le besoin, enfin elle couvrait, et favorisait les rassemble-

ne, son centre vers le *Tyrol*, sa gauche vers le *Foralberg*. Napoléon faisoit ainsi face à l'*Allemagne septentrionale*, et laissoit entre lui et les nouvelles armées, qui eussent pris part à la Coalition les provinces de *Souabe* et de *Bavière* totalement épuisées; provinces à travers lesquelles on n'eut pu s'avancer, qu'à pas de tortue. Par le *Tyrol*, le *Salzbourg* il eut tiré ses vivres, ses renforts de l'*Italie*. — Si les Autrichiens et les Russes réunis se fussent portés sur sa droite, elle se réplioit sur le *Salzbourg*, où chaque pas offroit au Génie du grand *Napoléon* de nouvelles positions. — Si l'armée prussienne, voyant l'impossibilité de s'avancer à l'ennemi par la *Souabe* et la *Bavière*, se determinait à faire une diversion sur le *Rhin*, marchant avec toute son armée par sa gauche, l'Empereur des Français se portait par le *Breisgau* sur *Brisach*, *Huningue*, y repassait le *Rhin* en sureté, puisque *Mayence*, *Strasbourg* et les autres forteresses eussent été en état, de tenir le tems nécessaire, pour qu'il vint à leurs secours. Sa droite, que je suppose déja replié sur le *Salzbourg*, devenait son arrière-garde, et de position en position à travers le *Tyrol*, elle tenait tête à l'ennemi, quelqu'acharné qu'il put être à sa poursuite. Pendant que les *Français* en *Allemagne* faisaient ce mouvement, *Massena* par sa position en *Italie* les couvrait contre toutes tentatives de l'*Archiduc Charles*, et ne repassait l'*Adige*, que quand la grande armée n'avait plus rien à craindre.

ments ordonnés en *Tyrol* et promis en *Hongrie*.

Mais, dira-t-on, *Ulm* et la *Bavière* presqu'entière étaient alors abandonnés aux *Français*. J'en conviens; mais avant de se réplier le Général *Mack* eut du évacuer tous les magazins, ruiner le pays, detruire ce, qu'il n'auroit pu emmener, — en un mot, ne rien laisser aux ennemis, qui n'ayant point des magazins, n'auraient eu aucun moyen de subsister. — L'Empereur des Français eut été naturellement entravé danss amarche. Outre la difficulté des subsistances, il n'aurait gueres pu se porter en avant, avant d'avoir attaqué l'armée autrichienne, et de l'avoir depostée de cette position, où il lui prétait le flanc et d'où elle menaçait ses communications. Admettant même la defaite des Autrichiens, elle n'eut jamais pu être assez considerable, pour ne pouvoir se porter par le *Salzbourg* au secours de *Vienne*. — Ils ne pouvaient être pris à dos, comme dans les affaires *d'Ulm*, etc. — Et n'eut on gagné, que du tems, ce n'étoit pas le payer trop cher, puisque c'étoit donner aux Russes celui d'arriver et aux insurrections de toute la Monarchie la volonté de se rassembler.

Tous les malheurs de *l'Autriche* ne viennent donc, que de la mauvaise disposition du plan de la campagne et du mauvais choix de la position prise par son armée.

Si du côté de *l'Allemagne* nous avons eu justement à critiquer et le plan d'operation et la conduite du Général, les regards s'arrêtent avec interêt du côté de *l'Italie* sur un Prince, qui quoique géné par ses instructions a su, a force de talens et d'énergie, se tirer d'un peril eminent et conserver à l'Autriche une armée, qu'elle ne doit, qu'à son génie.

La posterité croira difficilement, quand on a constaté (comme je l'ai rapporté cidevant) le mauvais état du systeme defensif de *l'Italie*, que le Cabinet de *Vienne* ait contraint *S. A. R. l'Archiduc* Charles avec une armée de cent mille hommes à rester spectateur des préparatifs des *Français*, et à attendre, que le Général *Massena* eut jugé convenable de l'attaquer.

Quand on pense, que *l'Archiduc* Charles sans autres ressources, que lui - même,

C

coupé de la mère patrie, n'ayant plus de communication avec *l'Empereur*, que par la *Hongrie* a su resister aux attaques d'un ennemi entreprenant, et qu'il n'a cessé de combattre depuis les derniers jours d'Octobre, jusqu'à l'époque de l'armistice, on ne peut s'empecher de lui offrir le juste tribut d'admiration, qu'il merite.

Séconde et dernière Campagne

dépuis

la Prise de Vienne

jusqu'à

la Bataille d'Austerlitz.

Les succès des combats de *Wertingen*, *El-chingen*, *Ulm* furent si etonnants, que NAPOLEON jugea convenable d'en temoigner sa reconnois-sance à l'armée en lui comptant ces six semaines de gloire, à compter de son passage du Rhin, jusqu'à son entrée dans *Vienne*, comme une campagne. — Maitre de *Vienne*, l'Empereur des Français par le mouvement de ses colonnes, par les précautions, qu'il ne cessa de prendre,

ajouta un noüvéau lustre à sa gloire militaire. —
Pas un mouvement inutile! Partout on récon-
noit le Général experimenté, et on s'etonne de
la penétration, avec laquelle il sait au milieu de
pays si éloignés des prémiers théatres de sa
gloire, demêler les points necessaires à occuper
pour la continuation de ses operations.

Depuis l'époque dé la prise de *Vienne*, jusqu'à celle de la bataille d'*Austerlitz*, on est à
même de juger de l'estime, qu'accordoit deja
l'Empereür français à sés nouveaux ennemis par
les precautions qu'il ne cessât de prendre; et si
cette seconde campagne de l'armée française
ne fut pas plus heureuse pour les armes de la
coalition, elle fut du moins certainement plus
glorieuse. — L'armée russe força par sa valeur
ses ennemis même, à l'admirer.

NAPOLEON sentoit bien, que la prise de
Vienne, quoique très glorieuse, ne decidoit
encore rien sur le sort de la guerre, et qu'une
paix prompte et glorieuse, ou l'embrasement
universel de l'Europe dependoit du succès de
ses operations contre les armées de *l'Empereur
ALEXANDRE*. Sa reputation, et le desir si naturel,
de se reposer et de jouir de ses travaux, après

avoir atteint un degré de grandeur et de gloire, dont l'histoire connue n'offre aucun exemple, tout devoit concourir à redoubler l'activité de son génie. En effèt on peut dire, qu'il se multiplia.

Dans cette seconde campagne, le systême de guerre de l'Empereur des Français éprouva un changement bien remarquable. — Jusques là il avoit attaqué ses ennemis avec la rapidité de l'éclair; cetoit la fureur d'un torrent debordé. Maintenant il semble renoncer a cette activité, pour parvenir à son but par une marche plus savante. Il n'avanture rien! Toutes ses marches sont des manoeuvres, à la faveur desquelles il étudie le terrein, et reconnoit les emplacemens, qui lui sont les plus avantageux, pour ses plans ulterieurs. — Ainsi voit-on, qu'après avoir reconnu le champ de bataille, sur lequel il avait resolu de decider des destinées de la coalition, il ne fait que de très petits mouvemens en avant, se contente de faire eclairer ceux de l'ennemi, et manoeuvre si bien, qu'il finit par amener l'ennemi à l'attaquer *) sur un terrein, dont il avoit si habilement étudié les avantages.

*) Quelques jours avant la bataille d'*Austerlitz* l'Empereur des Français se porta en avant de *Brunn* avec son quartier

Que les *Russes* trompès par le mouvement retrograde de *Napoleon* ayent cru pouvoir l'attaquer avec avantage , cela seroit excusable. Mais ce, qu'il ne l'est pas, c'est qu'il ne se soit pas trouvé parmi les Généraux Autrichiens un seul officier, qui ait representé à *l'Empereur Alexandre* les avantages, que le terrein *) offroit aux *Français*.

D'après la Carte de la *Moravie* de *Muller* la situation du terrein est telle, que la bataille perdue pour les *Français*, ils pouvoient prendre une bonne position à très peu de distance du champ de bataille, position, d'où ils étoient à même de renouveller le combat, et d'enlever aux *Russes* le stérile honneur, de les avoir depostés quelques jours auparavant.

général, fit une ou deux marches poussa l'armée en avant, — mais la replia bientôt sur le terrein, qu'il avoit déjà reconnu aux environs d'*Austerlitz*. Les gazettes s'empresserent de publier, qu'il étoit en pleine retraite — et il étoit assez simple, que la confiance des *Russes* fut portée jusqu'à la temerité, en voyant *Napoleon* faire devant eux ce qu'il n'avoit point encore fait, et avoir l'air de tatonner. — —

*) Ce terrein devoit être d'autant moins étranger aux *Autrichiens*, que leurs camps d'instruction se forment fréquemment dans ces mêmes contrées.

J'oserois presque prétendre, qu'il n'étoit pas de l'interét des *Russes* de remettre la decision de la crise actuelle d'Europe au sort d'un combat. Je crois, qu'il eut été plus prudent et plus sûr, de deposter l'Empereur des F=ançois, par de mouvements stratégiques. Si *l'Empereur* ALEXANDRE se fut contenté de tenir les *Français* en échec jusqu'à l'arrivée de l'armée de *Benningsen* en *Bohème*, d'où elle eut dû menacer le flanc gauche des *Français*, *) et qu'alors faisant un grand mouvement par sa gauche, il se fut porté vers *Presbourg* et le *Danube*, j'ose croire, que la position des *Français* eut été en quelque sorte embarassante, toute manoeuvre, qui trainait les choses en longueur devant leur être necessairement désavantageux. — *L'Empereur* ALEXANDRE par ce mouvement vers *Presbourg*, delivrant la *Hongrie* de la crainte des excursions de l'ennemi, favorisait le rassemblement de l'insurrection, et parvenait a une jonc-

---

*) L' armée de BENNINGSEN reunie a celle de l'*Archiduc* FERDINAND avait une telle supériorité qu'elle eut bientôt eu replie tous les détachemens *Français* et *Bavarois* quelle eut rencontré; se portant rapidement sur le *Danube*, menaçant *Braunau* entrepôt de toute l'armée *Française*, elle eut opéré sans rien hazarder une diversion très avantageuse. —

tion avec *l'Archiduc Charles.* *) — L'Empereur des *Français,* pouvant craindre d'être attaqué sur ses derrières, alors devait faire des mouvemens, qu'il n'avoit pas prévu; et quoiqu'on eut dû éviter toute bataille, si l'occasion s'en fut presentée et qu'on eut pu s'en promettre quelqu'avantage, la superiorité de l'armée russe la mettoit à même de le tenter.

Comme on n'a encore, que des plans aussi peu corrects, que peu sûrs de la bataille *d'Austerlitz,* je me garderai de parler des fautes de

---

*) Pendant que l'armée de *Benningsen* eut inquiété la gauche et les derières de l'armée *Française* du coté de la *Bohéme* l'armée de l'*Emp.* *Alexandre* reunie à célle de l'*Archiduc Charles* se dirigeant sur *Vienne* eut forcé sans combat l'*Emp. Français* a quitter la position de *Brunn.* *Napoleon,* tourné à ses deux ailes, était forcé de se replier. Outre l'avantage du nombre, les troupes coalicées obtenaient par ces mouvemens une si grande superiorité de position, que l'armée *Française* se trouvait dans un danger, dont le genie seul de son chef pouvait les tirer. — Si l'*Emp. Alexandre* n'avait, militairement parlant, aucun interet a livrer la bataille d'*Austerliz* il serait facile de demontrer, que la politique lui faisait un dévoir de l'éviter. La prolongation de la Crise de l'*Europe* ne pouvait qu'être avantageuse à la Coalition.

Tactique, qui ont contribués à sa perte. Il faudroit avoir des details plus circonstanciés et plus sûrs, pour être à même d'en juger.

Tout a donc contribué à éléver encore davantage la reputation de *l'Empereur des Français*, reputation, que la bataille de *Marengo* et tout ce, qu'il a fait depuis cette époque, avoit deja élévé à un point si eminent. Il semble, que son génie, non content de fixer les chances probables de la fortune, étend encore son empire jusque sur la volonté de ses ennemis, qui semblent toujours forcés par son étoile à prendre contre lui le plus mauvais, ou le moins bon parti.

Mais si nous admirons la gloire et les succes de *l'Empereur des Français*, un sentiment plus doux et plus durable nous ramène aux pieds du jeune Prince, qui gouverne la *Prusse*. — C'est à lui, à ses vertus, à sa volonté seule, que l'humanité doit son salut. — Qu'il est beau, de voir un jeune Prince sacrifier l'ambition et ce desir si naturel au Chef de la nation

D

prussienne de combattre à la tête de ses braves legions, à la volonté de conserver à son peuple les douceurs de la paix!

Au milieu de l'agitation la plus violente, où peut-être jamais les passion des hommes ont jetté l'ordre social, *FREDERIC GUILLAUME* reste inébranlable. S'il sait ce qu'il se doit, en demandant une juste reparation à la lesion de ses états, il n'écoute que l'honneur, point les passions. Il demande une reparation, que son ennemi peut accorder avec sa delicatesse, — une, qui lui fait d'autant plus d'honneur, qu'il ne profite de sa préponderance, que pour ramener la paix. — Jamais *FREDERIC GUILLAUME* ne s'est dementi! Jamais son caractère n'a voulu lui permettre d'abuser de sa position! Quel spectacle étonnant et touchant dans les annales du monde, de voir un Roi militaire, un Roi qui commande à des troupes, que la victoire a toujours couronnée, un Roi, qui d'un seul mot peut opposer à ses ennemis la plus belle et la meilleure des armées, préferer au titre de conquerant, celui de *Pacificateur de l'Europe et de Pere de ses peuples.*

Fautes a corriger.

Page 6 l. 8. y'ose — lisez j'ose
— 12 l. 15. n'eurent — lis. n'eussent
— 13 l. 18. qu'avait — lis. qu'aurait
— 14 l. 7 contraignirent — lis. contraignissent